THÉATRE MONTANSIER.

L'ACADÉMICIEN DE PONTOISE

COMÉDIE-VAUDEVILLE EN DEUX ACTES

DE MM. VARNER ET VARIN.

Représenté pour la première fois, à Paris, sur le théâtre MONTANSIER, le 22 Avril 1848.

Prix : 60 centimes.

PARIS
BECK, ÉDITEUR
RUE GIT-LE-CŒUR, 12
TRESSE, successeur de J.-N. BARBA, Palais-Royal.

1848

L'ACADÉMICIEN DE PONTOISE

COMÉDIE-VAUDEVILLE EN DEUX ACTES,
DE MM. VARNER ET VARIN,

Représentée pour la première fois, à Paris, sur le théâtre MONTANSIER,
le 22 Avril 1848.

PERSONNAGES.	ACTEURS.
CHESTER, ancien marchand	MM. SAINVILLE.
ÉDOUARD, son neveu	BERGER.
MERCADET, précepteur d'Édouard	LEVASSOR.
CLARISSE, cousine d'Édouard	Mlle DURAND.
NISIDA, cantatrice française	Mlle JULIETTE PELLETIER.

La scène est en Angleterre.

Un jardin. — A gauche, un pavillon garni d'une charmille, et d'un balcon avec fenêtre. — Un mur au fond, avec une petite porte au milieu.

SCÈNE PREMIÈRE.

ÉDOUARD, *monté sur une échelle appliquée contre le mur du pavillon.*

Je ne sais si ma cousine est déjà descendue dans le parc... Non ! je l'aperçois derrière sa croisée !.. Faisons-lui signe que je l'attendrai au rendez-vous ordinaire !.. Elle m'a vu, elle me sourit !.. Dieu ! que c'est gentil une femme qui sourit ! (*Il lui envoie des baisers.*)

SCÈNE II.
ÉDOUARD, CHESTER *.

CHESTER, *entrant.*

Goddam !.. je suis fort surpris !

ÉDOUARD, *à part.*

Ciel ! mon oncle !

CHESTER.

Monsieur, que faites-vous là perché comme un horticulteur en fonctions ?

ÉDOUARD.

Moi, mon oncle..

CHESTER.

Oui, vous, mon oncle... c'est-à-dire vous, mon neveu !

ÉDOUARD.

Mon Dieu, j'examinais l'état de ce feuillage !

CHESTER.

Je trouve cette occupation extrêmement frivole ! (*A part.*) Je crois plutôt qu'il examinait... (*Haut.*) Monsieur, j'ai à vous adresser une allocution !

* C. E.

ÉDOUARD.

Je vous écoute, mon oncle !..

CHESTER.

Descendez, s'il vous plaît !.. Je serais obligé de vous parler en l'air, ce qui n'entre nullement dans mes vues.

ÉDOUARD.

Volontiers, mon oncle !.. (*Il descend et va porter l'échelle de l'autre côté du théâtre *.*)

CHESTER, *à part.*

Couvrons mes traits du masque de la bonhomie !.. (*Haut.*) Tu sais, mon cher Édouard, quel est mon faible pour toi !.. Tu es l'espoir de ma race, tu es mon unique héritier.

ÉDOUARD.

Je vous en prie, mon oncle, ne parlons pas de ça !

CHESTER.

C'est une belle fortune que tu auras là, mon garçon !.. On ne trouverait pas, dans la cité de Londres, beaucoup de particuliers plus cossus que moi !.. et pourtant je me suis enrichi en fabricant des manches de couteaux... Il est vrai que je faisais de grands manches pour de grands couteaux !.. c'était un grand commerce !.. et mes manches ont eu le plus grand succès... même outre-Manche !

ÉDOUARD.

Cela fait honneur à votre esprit.

CHESTER.

De l'esprit ?.. fi donc !.. Je n'ai jamais voulu en avoir !..

* E. C.

Air : *Patrie, honneur, etc.*

Je n'ai, mon cher, je n'ai qu'un gros bon sens,
Je ne suis pas un Platon, un Sénèque,
Je ne vais point chercher mes arguments,
Dans les bouquins d'une bibliothèque,
Le meilleur livre anglais, grec ou latin,
A moins d'esprit qu'une livre sterling !

Et c'est à ce gros bon sens que je dois mes
châteaux, mes laquais, mes équipages !..

ÉDOUARD.
Enfin, vous êtes arrivé au but, tous vos vœux
sont comblés !

CHESTER.
Non, pas tous !.. J'en forme encore un... je
n'en forme qu'un... mais je le forme !

ÉDOUARD.
Que diable peut-il vous manquer ?

CHESTER.
Je ne suis pas gentleman !

ÉDOUARD.
Gentleman !.. comment, vous, mon oncle, un
ancien négociant, vous auriez la faiblesse ?..

CHESTER.
Mon ami, je n'ai jamais méprisé la noblesse,
moi... je n'ai pas de préjugés !.. et si le Ciel m'eût
créé marquis.. Ah ! Dieu ! quel marquis j'aurais
fait !

ÉDOUARD.
Oh ! oui !..

CHESTER.
Connais-tu rien de mieux qu'un blason, des
armoiries... trois poissons sur un champ de gueu-
les ?

ÉDOUARD.
C'est très joli !.. mais, jusqu'à présent, vous
vous êtes bien passé de poisson.

CHESTER.
Que veux-tu ? j'en perds l'appétit, ça finira par
abréger mon existence de plusieurs jours !

ÉDOUARD.
C'est un malheur, mais qu'y faire ?

CHESTER.
Qu'y faire ?.. Je saurais bien qu'y faire, si tu
voulais !

ÉDOUARD.
Moi, comment ça ?

CHESTER.
As-tu observé quelquefois la vie privée des mé-
rinos ?

ÉDOUARD.
Ma foi non !

CHESTER.
C'est par le croisement des races que ce bétail
soutient sa splendeur !.. cette méthode me sourit,
et j'ai envie de l'adopter !

ÉDOUARD.
Vous, mon oncle, vous voulez...

CHESTER.
Pas moi, mon garçon, pas moi ! mais toi qui
es l'espoir de ma race ! Je te ménage une héri-
tière extrêmement distinguée !

ÉDOUARD.
Par sa figure ?

CHESTER.
Non, par ses aïeux !.. Elle a des aïeux de toute
beauté.

ÉDOUARD.
Merci, mon oncle !.... mais si je prends une
femme, je tiendrai à la choisir moi-même !

CHESTER.
Rien ne t'empêche de choisir celle-là !

ÉDOUARD.
Si fait !.. J'ai d'autres idées !

CHESTER.
Exprime-les !

ÉDOUARD.
C'est inutile.

CHESTER.
Je les connais ! je les sais par cœur !.. Tu es
fasciné par la cousine.

ÉDOUARD.
Eh bien ! quand cela serait !

CHESTER.
Goddam !.. mais je n'hésiterais pas à réprimer
cette tendance par les moyens les plus... Prends-
y garde... Vois-tu.

ÉDOUARD.
Bah ! le véritable amour triomphe de tous les
obstacles ?

CHESTER.
Et les Grandes Indes !... Triomphe donc des
Grandes Indes !... Je l'y enverrai, mon ami... je
l'y enverrai !

ÉDOUARD.
J'en serai quitte pour la suivre !

CHESTER.
Petit rebelle !... voilà donc le fruit de mes bien-
faits !... Moi, qui t'ai élevé comme un prince !...
qui t'ai donné un précepteur pour te former l'esprit et le cœur... à domicile !

ÉDOUARD.
Mon précepteur est un âne, qui se moque de
vous et de moi !

CHESTER.
C'est faux !.. Il est vrai que c'est un Français !..
mais un Français grave !... un sage, un académicien !

ÉDOUARD.
Lui, académicien !... Mercadet ?

CHESTER.
Il m'a dit qu'il était de l'académie de Pontoise...
et je le croirais assez à la manière dont il te mon-
tre sa langue.

ÉDOUARD.
Laissez donc, c'est un farceur !

ACTE I, SCÈNE III.

CHESTER.

Tu lui en veux parce qu'il gourmande tes penchants, et je suis persuadé que si tu le consultais...

ÉDOUARD.

Non, mon oncle!... J'aime ma cousine, je n'aimerai jamais qu'elle, et quoique vous en disiez, vous ne serez pas inexorable!

CHESTER.

Je le serai!... Essaie de m'amollir!... tu trouveras un roc, une borne, un granit!

ÉDOUARD.

C'est ce que nous verrons!... Adieu, mon oncle!

CHESTER.

Où vas-tu?

ÉDOUARD.

Je rentre dans mon pavillon pour étudier.

CHESTER.

Étudie, mon garçon, étudie!

ÉDOUARD, à part.

Il faut que j'écrive à ma cousine!

CHESTER.

Mais tu m'as entendu... un granit!

ÉDOUARD, à part.

Oh! je suis aussi entêté que lui! (Il rentre.)

CHESTER.

Il obéira!... je dompterai ce caprice d'enfant, et pourvu que maître Mercadet m'appuie de son influence...

Air : *Un homme pour faire un tableau.*

A faire prévaloir mes droits,
Il pourra m'aider; je l'espère;
A nous deux, nous aurons, je crois,
De la force et du caractère;
Pour exécuter mon *veto*
Je veux que dans le vif il tranche,
Qu'il soit la lame du couteau
Dont moi je resterai le manche,
Et c'est moi qui serai le manche.

Je crois cette pensée très forte... Ah! le voici!... Il est plongé dans quelque lecture philosophique!

SCÈNE III.
CHESTER, MERCADET.

MERCADET, *lisant en marchant.*

« En revenant à Montmorency, la grosse Aglaé « se pavanait sur son âne, lorsque l'animal, sen« tant l'écurie, se mit à prendre le galop... L'é« cuyère perdit l'équilibre et alla rouler sur le ga« zon, dans un désordre tellement pittores« que... » (S'interrompant.) Ah! ah! ah! j'aurais voulu voir cette culbute! Hi! hi! hi!...

CHESTER, *riant.*

Hi! hi! hi!

M. C.

MERCADET, *l'apercevant.*

Oh! le papa Chester!... (Il cache son livre.)

CHESTER.

Il paraît, mon cher Mercadet, que votre lecture est désopilante?

MERCADET.

C'est un livre d'histoire que je me propose de faire étudier à mon élève!

CHESTER.

Une histoire qui vous faisait pouffer?

MERCADET.

C'est qu'il y est question d'âne de Montmorency.

CHESTER.

Ah oui!... une princesse?

MERCADET.

Justement!... En Angleterre, vous avez Anne de Boulen, et en France nous avons Anne de Montmorency!

CHESTER.

Ça doit être fort gai!... et je désire que mon neveu participe à cette réjouissance... L'avez-vous vu ce matin?

MERCADET.

Pas encore!

CHESTER.

Il s'est enfermé dans son pavillon pour travailler!

MERCADET.

Il étudie les conjugaisons!... Ce jeune homme sera un jour l'honneur de l'Angleterre!

CHESTER.

Je ne vous cache pas qu'il m'inquiète beaucoup.

MERCADET.

Sous quel point de vue?

CHESTER.

Avez-vous remarqué que, depuis quelque temps, il était un peu?...

MERCADET.

Je ne vous l'ai pas dit; mais je me suis aperçu tout de suite qu'il était un peu...

CHESTER.

Et vous en avez conclu?

MERCADET.

Dame! j'ai pensé qu'avec de la tisane!...

CHESTER.

De la tisane parce qu'il est amoureux?

MERCADET.

Amoureux?

CHESTER.

De sa cousine!... Vous ne le saviez pas?

MERCADET.

Je ne le croyais qu'enrhumé! (*Dans ce moment Édouard sort doucement du pavillon et se sauve par le fond.*)

CHESTER.

Amoureux, mon cher, et d'une force qui me fait frémir!

MERCADET.
Au fait, sa cousine est fort piquante!... Jeune, gracieuse, ingénue...

CHESTER.
Mercadet... cet amour me déplaît... il me vexe... il me contrecarre!... Mais mon neveu se rit de mes réprimandes, et je me suis dit, dans mon gros bon sens : il n'y a que Mercadet qui puisse éliminer de son cœur cette folle inclination !

MERCADET.
Nous l'éliminerons!... Je vous promets de l'extirper jusqu'à la racine !

CHESTER.
Vous aurez du mal !... Le gaillard a les passions vivaces!

MERCADET.
Vous ai-je développé quelquefois mes théories politiques et religieuses?

CHESTER.
Jamais !

MERCADET.
Si je vous les eusse développées, vous sauriez que rien ne m'est plus facile que d'opérer ce défrichement.

CHESTER.
O Mercadet ! vous ravivez ma confiance, et si vous réussissez... quel dommage qu'un philosophe comme vous méprise la fortune !

MERCADET.
Je la méprise, c'est vrai !... mais je n'attends qu'une occasion pour lui rendre mon estime.

CHESTER.
Eh bien ! je double vos appointements, les guinées, les bank-notes, les livres sterling !... vous roulerez là-dessus !..

MERCADET.
Généreux Anglais, je n'ai rien à vous refuser !...

CHESTER.
Air: *Un sombre désespoir me mine* (Mari fidèle, Gymnase.)

Cette passion que j'observe
Me ferait obstacle plus tard ;
Il faut l'attaquer sans réserve.

MERCADET.
Soyez tranquille à cet égard !
Si d'abord je n'ai pas la chance
De l'extirper et d'en finir,
Je suis sûr, par mon éloquence,
De pouvoir au moins l'endormir.

CHESTER, *parlé.*
Je m'en rapporte à vous.

ENSEMBLE.
MERCADET.
Cette passion, que j'observe,
Vous ferait obstacle plus tard,

Je vais l'attaquer sans réserve,
Soyez tranquille à cet égard.

CHESTER.
Cette passion, que j'observe,
Me ferait obstacle plus tard ;
Il faut l'attaquer sans réserve,
N'ayez, mon cher, aucun égard.

(*Chester sort.*)

SCÈNE IV.
MERCADET, *seul.*

Si quelqu'un venait me dire du mal de l'Angleterre dans ce moment-ci, je le frapperais... avec un gourdin, comme un policemann. Quel excellent pays !... En France, je végétais..... ma patrie me nourrissait fort mal !... J'avais beau développer mes théories politiques et religieuses, mes opinions trouvaient peu de crédit, et j'en trouvais encore moins qu'elles... Mes bottes se perçaient, mes habits se râpaient, et j'en étais réduit à montrer... faut-il que je le dise !... j'en étais réduit à montrer l'écriture à des marmots... Honte et profanation !

Air: *Voilà pourtant comme je serai.*
Je gagnais dix francs par semaine,
Pour me vêtir, boire et manger,
Je changeais, que ça faisait peine,
Et n'avais pas de quoi changer !
A mes marmots, en montrant l'écriture,
De mes habits je regardais l'usure,
Et plein d'effroi, je prévoyais
Ce que bientôt je montrerais.

Enfin, un jour, voyez le hasard, un jour que je me promenais au musée de Versailles, je heurte un Anglais qui avait la bouche ouverte et les yeux fermés... c'est leur manière d'admirer les objets d'arts... je m'excuse, nous lions conversation, je lui explique une foule de tableaux que je ne connaissais pas, mais qu'il connaissait encore moins que moi... Je lui parle peinture, batailles, voyages, mercerie, quincaillerie, et cet insulaire, étourdi de mon érudition, me propose de m'exporter en Angleterre, avec la table, le logement et pas mal de pièces d'or, le tout pour éduquer son neveu, et lui infiltrer la langue française... je lui réponds *yes*, nous voguons vers London, et me voilà !... Depuis dix-huit mois, je nage dans le bien-être !... Le papa Chester est un bon enfant ! Comme il n'a pas d'esprit, il parle toujours de son gros bon sens, mais le fait est qu'il n'y voit pas plus loin que mon nez !... Quant à son neveu, je lui fais lire les romans de Paul de Kock... ça l'amuse !.. Je ne sais pas si ça lui apprend la chimie... mais ça lui apprend à rire, ce qui est un joli talent pour un Anglais !... Du reste, je ne le contrarie jamais, il fait tout ce qu'il veut... je suis son précepteur, mais c'est lui qui est le maître... et cette méthode me réussit... j'amasse des guinées, je fais ma pelote, et dans quelque temps je pourrai sans doute... Mais voyons donc ce qu'il devient, ce cher élève !... (Il va écouter à la porte du pavillon.) Est-ce qu'il travaillerait ?.. quelquefois... un caprice...

SCÈNE V.
MERCADET, ÉDOUARD, CLARISSE*.

ÉDOUARD, à Clarisse.
Oui, ma chère cousine, je vous assure que c'est le seul parti à prendre !
CLARISSE.
Oh ! non, mon cousin, j'ai trop peur !
ÉDOUARD.
Qu'avez-vous à craindre ?... puisque je vous épouse...
CLARISSE.
Et votre oncle ?
ÉDOUARD.
Je vous réponds de son consentement quand nous serons mariés.
CLARISSE.
Ah ! c'est bien hardi !.. et je ne sais si je dois...
MERCADET, écoutant toujours.
Pas le moindre bruit !.. et on l'accuse d'être amoureux !... Il étudie les conjugaisons !..
ÉDOUARD, à Clarisse.
Si vous saviez combien je vous aime !.. (Il lui embrasse les mains.)
MERCADET, se retournant.
Ah ! ah !... je vois de quelle espèce de conjugaison il s'occupe.
CLARISSE.
Ciel ! M. Mercadet !
ÉDOUARD.
Tant mieux ! j'ai besoin de lui !
MERCADET, lisant.
Feignons de ne pas les voir.
ÉDOUARD.
Mercadet, laissez là votre livre, et causons un peu !
MERCADET.
Tiens ! c'est vous, mon élève ?
ÉDOUARD.
C'est moi, et je viens vous demander un grand service.
MERCADET.
Parlez, mon élève, parlez !... vous connaissez toute ma sollicitude.
ÉDOUARD.
Il faut que je parte... Dans une heure je veux être en route.
MERCADET.
Avec moi ?

* M. E. C.

ÉDOUARD.
Non, avec ma cousine.
MERCADET.
Ce n'est pas la même chose !
ÉDOUARD.
Nous avons besoin d'une voiture de voyage, et j'ai compté sur vous pour nous la procurer.
MERCADET.
Sur moi ?
ÉDOUARD.
Sans doute !... On me surveille, on m'espionne, tandis qu'on ne se défie pas de vous !
MERCADET.
Cet argument est captieux, mais faible.
ÉDOUARD.
Je compte aussi que vous nous conduirez vous-même jusqu'au premier relai.
MERCADET.
Permettez... Il me semble qu'un précepteur...
ÉDOUARD.
Un précepteur doit être le guide de son élève !
MERCADET.
Le guide, oui ! mais pas le postillon.
ÉDOUARD.
Voulez-vous donc que je mette un valet dans la confidence ?
MERCADET.
Ah çà ! jeune homme, pour qui me prenez-vous ? c'est un rapt que vous allez commettre... autrement dit un enlèvement .. C'est synonyme en français, je suis bien aise de vous le dire en passant !
CLARISSE.
Mais, monsieur Mercadet, mon cousin ne m'enlève pas...
MERCADET.
C'est donc vous qui l'enlevez ?
CLARISSE.
Ni l'un ni l'autre !... On veut nous séparer, et nous pensons qu'en nous mariant...
MERCADET.
Vous resterez unis ?... Ça n'est pas prouvé ! et si je vous développais sur ce chapitre-là mes théories sociales...
ÉDOUARD.
Nous n'en avons que faire... Consentez-vous à nous servir, oui ou non ?
MERCADET.
Je refuse mon concours !
ÉDOUARD.
Eh bien ! on se passera de toi !
MERCADET, à lui-même.
Il me tutoie !
ÉDOUARD.
C'est facile.... avec de l'argent.... et j'en ai... mille guinées, à peu près, que nous aurions partagées en amis !

MERCADET.
Mille guinées !...

ÉDOUARD.
Mais puisqu'il te répugne de contribuer à mon bonheur...

MERCADET.
Voyons, entendons-nous !... Si j'étais bien sûr que ce fût pour votre bonheur !

CLARISSE.
Oh ! oui, Monsieur Mercadet !... Je vous le promets !..

ÉDOUARD.
Nous ne pouvons être heureux l'un sans l'autre.

MERCADET.
Dès qu'il y a sympathie, ça lève mes scrupules. Je respecte beaucoup ce lien des âmes et si je vous développais... Mais ça nous mènerait trop loin !

CHESTER, *qui est entré au fond.*
Tous trois ensemble... prêtons l'ouïe !... (*Il se cache.*)

MERCADET.
Le hasard semble de connivence avec vous... connaissez-vous sir Gueulton ?

ÉDOUARD.
Un viveur intrépide !... dont le château est à une lieue d'ici.

MERCADET.
Je devais festiner chez lui aujourd'hui même, et j'avais retenu un véhicule !... Dans une heure il sera là... devant cette petite porte...

ÉDOUARD.
C'est dit !... nous partirons ensemble !

CLARISSE.
Ah ! Monsieur Mercadet, que vous êtes gentil !

ÉDOUARD.
Mon excellent précepteur !... (*Il l'embrasse.*)

M. MERCADET, *apercevant Chester.*
Oh !

ÉDOUARD.
Quoi ?... je vous ai fait mal ?

MERCADET.
Ce n'est rien !... (*A part.*) Le papa Chester qui nous écoute !

ÉDOUARD.
Faisons vite nos préparatifs !

CLARISSE.
Je serai bientôt prête !

MERCADET.
Dans une heure !... et soyez prudents !

ENSEMBLE ***.

Air : *Ah ! quel chagrin ! quel tourment* (Femme à deux maris, Gymnase.)

Ah ! n'allons pas nous trahir !
Il faut pour réussir

* E., M. C.
** E., Ch., *au fond*, M. C.
*** M. Ch., *au fond*, E. C.

Savoir, avec mystère,
Nous contraindre et nous taire,
Cacher notre projet
A tout regard indiscret !
Et partir en secret.

ÉDOUARD, *à Mercadet.*
Tu seras de l'amour
Et l'égide,
Et le guide ;

CLARISSE.
Et l'amour, à son tour,
Vous rendra ça quelque jour.

REPRISE.
Ah ! n'allons pas nous trahir.
(*Ils sortent. Mercadet les reconduit jusqu'au fond.*)

SCÈNE VI.
MERCADET, CHESTER.

CHESTER, *à part.*
Ah ! le traître !.. ah ! le Judas !.. Je vais lui flanquer son paquet !

MERCADET, *redescendant.*
Courons maintenant !... Ah ! monsieur Chester, comme c'est heureux !... j'allais vous chercher !

CHESTER.
Monsieur le précepteur, je vous flanque votre paquet !

MERCADET.
Plaît-il ?

CHESTER.
J'étais là, Monsieur !.. et le complot que vous ourdissiez est entré dans mon oreille !

MERCADET.
Vraiment ?

CHESTER.
Tout est entré !

MERCADET.
Alors, il est inutile de vous apprendre que mon élève va enlever sa cousine ?

CHESTER.
Je le sais !... et vous avez promis de coopérer à cette soustraction !

MERCADET.
C'est vrai !.. hein ?.. que dites-vous de ça ?

CHESTER.
Je dis que vous êtes un traître, un Iscariote !

MERCADET.
C'est encore vrai !... Je trahis votre neveu, je trahis mon élève, mais c'est pour son bien !

CHESTER.
Vous trahissez mon neveu ?

MERCADET.
Ceci rentre dans mes théories politiques... Je me suis prêté à ses vues, j'ai eu l'air d'adopter ses plans ; mais pourquoi ?

CHESTER.
Oui, pourquoi ?

C. M.

MERCADET.
Pour les connaître, et pour les saper ensuite par la base !

CHESTER, *d'un air de doute.*
Heu ! heu !..

MERCADET.
J'ai capté sa confiance, mais pourquoi ?.. Pour qu'il me croie son complice, pour qu'il me raconte ses fredaines, dont je vous rendrai un compte exact et véridique !

CHESTER.
Ça m'avancera bien !.. Il me semble à moi, dans mon gros bon sens, qu'il vaudrait mieux l'empêcher de les faire.

MERCADET.
Parfaitement raisonné !.. mais voilà le difficile !.. parce que lui et sa cousine... à moins d'élever entre eux une barrière, une muraille, quelque chose d'escarpé !..

CHESTER.
J'y ai pensé, la barrière est là !.. je tiens la muraille !

MERCADET.
Vous plaisantez ?

CHESTER.
Mercadet, seriez-vous chagrin de gagner cent mille francs ?

MERCADET.
Franchement, c'est un chagrin qui me ferait sourire.

CHESTER.
Je vous les donne !

MERCADET.
A moi !.. (*A part.*) Il tourne au dindon !

CHESTER.
Et je ne vous demande pour ça qu'une toute petite complaisance.

MERCADET.
Laquelle ?

CHESTER.
C'est d'épouser Clarisse.

MERCADET.
D'épouser la cousine de mon élève ?

CHESTER.
Vous serez la muraille !.. Je ne connais rien de plus escarpé qu'un mari !

MERCADET.
Ce choix m'honore !.. Mais j'aime autant que vous en preniez un autre.

CHESTER.
Je ne trouverais pas mieux !.. Vous satisfaites à toutes les convenances !

MERCADET.
Je vous ferai observer que la jeune personne a déjà donné son cœur !

CHESTER.
Mais moi, je vous donne cent mille francs !

MERCADET.
Et si je l'épouse... malgré elle... je risque ma tête.

CHESTER.
Votre tête ne vaut pas cent mille francs !

MERCADET.
D'ailleurs, je pourrais vous déduire mille et une objections...

CHESTER.
Il n'y en a pas !.. je ne veux pas qu'il y en ait ! et vous serez mariés ce soir !

MERCADET.
Déjà ! comme vous y allez !

CHESTER.
Gretna-Green est proche de ces lieux ; mes coursiers vous y conduiront.

MERCADET.
Un mariage à la vapeur ?

CHESTER.
Ainsi, dans une heure, marié ou chassé !.. l'autel ou le paquet !.. Optez !

MERCADET.
Optez ! optez !.. Parbleu ! je reste !..

CHESTER.
Allons donc !.. j'étais bien sûr qu'avec mon gros bon sens... Bonjour, Mercadet !.. à bientôt, Mercadet !.. à bientôt, Mercadet !.. (*Fausse sortie.*) Mercadet ?

MERCADET.
Plaît-il ?

CHESTER.
Je suis content de vous, Mercadet ! (*Il sort.*)

SCÈNE VII.

MERCADET, *seul.*

Cent mille francs !.. ce serait bon à palper ! mais, le moyen ?.. Ce n'est pas que je sois retenu par de vains préjugés... ma foi, non !.. Pour cent mille francs, j'épouserais le diable !.. ou sa veuve ! Mais le mariage, que j'estime d'ailleurs, ne permet d'avoir qu'une seule femme à la fois !.. C'est une lacune dans cette institution... et comme je suis déjà le mari d'une moitié !.. mon Dieu, oui !.. c'est une circonstance dont j'ai négligé de faire part au papa Chester !.. Il aurait fallu lui dire que j'étais le mari de Nisida... Il m'aurait demandé qu'est-ce que c'est que Nisida ?.. — Nisida ! c'est une jeune artiste dramatique. — Du théâtre Français ? — Non ! du théâtre Montmartre, où elle pratiquait l'ingénuité de six heures du soir à minuit... jamais plus tard. — Et vous l'avez épousée ? — Mon Dieu, oui !.. Nous célébrâmes cette absurdité. — Vous l'aimez donc bien ?.. — J'en étais coiffé. — Et pourquoi l'avez-vous quittée ? — Ah ! pourquoi ? parce que le pot au feu est l'écueil de l'amour !.. Je ne gagnais rien ; nous n'avions pour vivre que les appointements de ma femme.. cinquante francs par mois! sur lesquels elle en prélevait deux cents pour sa toilette... c'était maigre!.. et Nisida avait pour l'opulence une vocation prononcée !... Séparons-nous, me dit-elle un jour avec un sourire divin... Va tenter la fortune ailleurs... Son vœu fut exaucé... Je l'ai laissée à Paris où elle a dû se distinguer, car elle promettait beaucoup... je me plais même à croire qu'elle n'a pas tenu tout ce qu'elle promettait... Quant à moi, j'étais en bonne veine, et j'allais pouvoir bientôt lui porter le fruit de mes labeurs... Mais va te promener! la veine est rompue!.. J'ai beau retourner la question, je ne vois pas moyen de cumuler deux femmes, sans toucher à la bigamie!.. C'est cent mille francs que je perds!.. ah! je regrette le Turquie et ses théories conjugales!

SCÈNE VIII.

MERCADET, ÉDOUARD.

ÉDOUARD, *accourant.*
Mercadet! Mercadet!..
MERCADET.
Quoi donc?... vous êtes bien agité?
ÉDOUARD.
C'est une infamie! nous sommes vendus, nous sommes découverts!
MERCADET, *feignant la surprise.*
Ah! grand Dieu!
ÉDOUARD.
Mon oncle a été prévenu!.. Les portes sont fermées... On garde les issues!
MERCADET, *de même.*
Fatalité!.. c'est un coup manqué!
ÉDOUARD.
Pas encore!.. car plutôt que de rester ici, je me tuerai.
MERCADET.
Mauvais! ça ne serait pas ingénieux!
ÉDOUARD.
Mais je tuerai d'abord celui qui nous a trahis!
MERCADET, *à part.*
Diable! pourvu qu'il ne se doute pas!...
ÉDOUARD.
Mais j'y songe... je ne me suis confié à personne... qu'à toi!.. Il n'y a que toi qui ais pu nous dénoncer!
MERCADET.
Moi, délateur!... quel horrible soupçon!
ÉDOUARD.
Ah! si j'en étais sûr, si j'en avais la preuve... je t'étranglerais! (*Il le prend à la gorge.*)
MERCADET.
Jeune homme, vous me manquez de respect!

N. E.

SCÈNE IX.

LES MÊMES, CLARISSE.

CLARISSE, *entrant.*
Arrêtez, mon cousin, arrêtez!... ne lui faites pas de mal, c'est inutile!
ÉDOUARD.
C'est que vous ignorez de quoi il est capable!
CLARISSE.
Oh! si fait!... et je comprends votre colère, mais rassurez-vous, ce mariage n'aura pas lieu, je n'y consentirai jamais!
ÉDOUARD.
Quel mariage?
CLARISSE.
Vous ne savez donc pas?... M. Chester m'a déclaré tout-à-l'heure qu'il fallait me marier ce soir même!
ÉDOUARD.
A un autre que moi!
CLARISSE.
A un autre qu'il a choisi, et qui accepte!
ÉDOUARD.
Un rival.
MERCADET, *à part.*
Petite bavarde!
ÉDOUARD.
Son nom, ma cousine, son nom?... car celui-là ne mourra que de ma main!...
CLARISSE.
Plus tard, mon cousin, quand vous serez plus calme!
ÉDOUARD, *à Clarisse.*
Son nom, je vous en prie, je vous en conjure?
CLARISSE.
Mon Dieu! demandez à M. Mercadet.
ÉDOUARD.
A lui?... Il le sait, et il ne me le disait pas!... Nomme-le moi... je le veux, je te l'ordonne!..
MERCADET.
Qu'est-ce que c'est que ce ton-là?
ÉDOUARD.
Point de phrases!.. nomme-le-moi, ou sinon!..
MERCADET.
Eh bien! oui, je le nommerai!..... cet homme qui n'est pas un rival, mais un ami!... cet homme qui n'aurait qu'un mot à dire et qui ne le dira pas... cet homme dont la position mystérieuse...
ÉDOUARD.
Mais son nom!... C'est son nom que je te demande!
MERCADET.
Cet homme... je le dis avec orgueil!... cet homme... c'est votre précepteur!..
ÉDOUARD.
Toi?...
MERCADET.
Je m'en fais gloire!

M. C. E.

ACTE I, SCENE X.

ÉDOUARD.
Misérable !... (*Il le menace.*)
CLARISSE, *le retenant.*
Mon cousin !
ÉDOUARD.
Tu voulais m'enlever celle que j'aime !
MERCADET.
Enfant que vous êtes !
ÉDOUARD.
Et tu acceptais sa main ?
MERCADET.
Pour vous la conserver !... Sans cela, votre oncle l'aurait donnée à un autre, qui en eût pris livraison ; tandis que moi... je n'épouse pas.... ce lien charmant m'est interdit par ordre supérieur !
ÉDOUARD.
Je gagerais que c'est encore un mensonge ?
MERCADET.
Monsieur, cette défiance m'outrage; et puisque je ne peux vous convaincre qu'en vous révélant le secret de ma vie... apprenez tous deux*... mais que ceci reste entre nous... apprenez!... surtout n'en parlez pas à votre oncle !..... apprenez donc...
CLARISSE.
Voici M. Chester !
MERCADET.
Silence ! contenez-vous devant lui!

~~~~~~~~~~~~~~~~~~~~~~~~~~~~~~~~~~

SCÈNE X.
LES MÊMES, CHESTER **.

CHESTER.
Mercadet, on attèle mes coursiers.... préparez-vous à conduire votre fiancée à l'autel.
CLARISSE, *à part.*
Ah ! mon Dieu !
ÉDOUARD, *bas, à Mercadet.*
Refuse !
MERCADET.
Je suis prêt, monsieur Chester ; je suis prêt !..
ÉDOUARD, *de même.*
Vil hypocrite !.... tu vois bien que tu me trompais !...
MERCADET.
Taisez-vous donc !
CHESTER.
Qu'est-ce qu'il y a ?
MERCADET.
C'est mon élève qui est exaspéré !..... Il parlait tout à l'heure de m'ôter la vie !...
CHESTER.
Qu'il s'en avise !... Je lui déclare que s'il attente à vos jours, je serais fort mécontent ; mais fort mécontent !

* E. M. C.
** E. M. Ch. C.

ÉDOUARD.
C'est cependant ce qui arrivera s'il épouse ma cousine.
CHESTER.
Goddam ! tu es un petit coquin !
MERCADET.
Ne vous emportez pas..... avec deux paroles, je vais glacer son effervescence !
CHESTER.
Je crois que vous vous flattez !
MERCADET.
Écoutez-moi, mon élève?
ÉDOUARD.
Je n'écoute rien !
MERCADET.
Écoutez toujours !
ÉDOUARD.
Eh bien ! voyons, parlez !
MERCADET.
Plus près... là... (*Il lui parle à l'oreille.*)
ÉDOUARD.
Serait-il vrai?
MERCADET.
Parole d'honneur !...
ÉDOUARD.
De manière que... (*Il lui parle à l'oreille.*)
MERCADET.
C'est entendu !
CHESTER.
Est-ce fait ?.. avez-vous glacé ce que vous disiez ?
MERCADET.
Radicalement !
CHESTER.
Bah !
MERCADET, *à Édouard.*
J'espère, Monsieur, que vous êtes rentré dans le devoir, et que vous avez mis, comme on dit, de l'eau dans votre vin.
ÉDOUARD.
Oui, monsieur Mercadet, je reconnais mes torts, et je suis tout disposé à vous obéir.
MERCADET.
Vous l'entendez !
CHESTER.
C'est inouï !
CLARISSE, *à part.*
Quel changement !
MERCADET, *à Édouard.*
Rentrez, Monsieur, dans ce pavillon, et n'en bougez pas sans permission !
ÉDOUARD.
J'y vais, Monsieur Mercadet !... J'y vais !... (*Il se dirige vers le pavillon.*)
CHESTER.
C'est qu'il y va !
MERCADET.
Eh bien, jeune homme !

ÉDOUARD.
Je rentre ! (*Il entre dans le pavillon.*)
CLARISSE.
Je n'en reviens pas !
CHESTER.
Quelle puissance !... c'est du magnétisme !
MERCADET, *qui a fermé la porte du pavillon.*
Voilà comme on les mâte !

SCÈNE XI.
CHESTER, CLARISSE, MERCADET.
CHESTER.
Vous l'enfermez ?
MERCADET.
Prenez cette clé, et retenez-le captif jusqu'à demain matin !
CHESTER.
Sans manger !... et s'il a faim ?
MERCADET.
Ça lui apprendra que les passions ne suffisent pas pour combler le vide de l'existence !
CHESTER.
Je crains que cette vérité ne lui creuse l'estomac !
MERCADET.
Il n'y a pas de mal !... Et maintenant, ne songeons plus qu'à nous rendre à Gretna-Green !
CLARISSE.
A Gretna-Green !... avec vous !... n'y comptez pas, Monsieur !
CHESTER.
Point de rébellion, Mademoiselle !.. Je suis résolu à la comprimer !
CLARISSE.
Et moi je suis résolue à vous désobéir !
CHESTER.
Goddam ! ceci est violent !
CLARISSE.
Je ne suis qu'une femme, mais je vous montrerai que j'ai plus de caractère que mon cousin !...
CHESTER, *bas à Mercadet.*
Mercadet, si vous lui disiez deux paroles dans l'oreille, comme à votre élève ?
MERCADET.
Je vais essayer; pendant ce temps-là, faites avancer la voiture devant cette petite porte.
CHESTER.
L'idée est bonne ! mais si elle s'obstine ?
MERCADET.
Elle consentira... Je dompterai cette petite lionne !
CHESTER.
Au fait, vous êtes un vrai Carter.

* M. Ch. C.

Air de l'*Homme vert*.
J'aime à vous rendre cet hommage,
Sur cet homme fascinateur
Vous auriez même eu l'avantage.
MERCADET, *le poussant.*
Partez, vous êtes trop flatteur.
CHESTER.
Persuasif comme vous l'êtes
Vous étiez né...
MERCADET, *le poussant.*
C'est mon avis !
CHESTER, *revenant.*
Pour vous faire obéir des bêtes,
MERCADET, *le poussant.*
Faites donc ce que je vous dis !
Dans cinq minutes, mon cher Carter ! (*Il sort.*)

SCÈNE XII.
MERCADET, CLARISSE, *puis* ÉDOUARD.
CLARISSE.
Comment, il nous laisse !... (*Elle veut sortir.*)
MERCADET, *la retenant.*
Restez ! nous avons quelque chose à débrouiller ensemble !
CLARISSE.
Il n'y a rien à débrouiller... je vous ai trop bien compris !
MERCADET.
Ne m'interrompez pas, et vous verrez que nous sommes parfaitement d'accord !
CLARISSE.
D'accord avec vous ?... jamais !
MERCADET.
Ne m'interrompez pas !
CLARISSE.
Vous êtes un homme affreux, que je hais, que je déteste !...
MERCADET.
Bon !.. je ne dis plus rien !... vous allez me voir à l'œuvre, et vous jugerez ! (*Il va prendre l'échelle, et l'applique au pavillon.*)
CLARISSE.
Que va-t-il faire ?
MERCADET, *appelant Édouard.*
Pst ! pst !.. êtes-vous là ?
ÉDOUARD, *paraissant sur le balcon.*
Mon oncle est parti ?
MERCADET.
Descendez vite !
CLARISSE.
Mon cousin !..
MERCADET.
Oui, votre cousin à qui je tiens l'échelle !... Je vous rapproche, je vous sers de trait-d'union !.. J'étais précepteur, je suis trait-d'union !

* M. C.

ACTE I, SCENE XIII.

ÉDOUARD, *qui est descendu.*
Cet excellent ami !..

CLARISSE.
Et moi qui l'accusais !

ÉDOUARD.
Mais comment nous échapper maintenant ?

MERCADET.
Le hasard y pourvoira !.. Dissimulez-vous d'abord derrière un feuillage quelconque.

ÉDOUARD.
Que je me cache !

MERCADET.
Et s'il se présente un joint, vous le saisirez !

ÉDOUARD.
Et s'il ne s'en présente pas ?

MERCADET.
Il y a toujours des joints dans les choses d'ici bas !.. (*On voit passer la voiture derrière le mur et s'arrêter à la porte.*) J'aperçois le véhicule... disparaissez ! (*Édouard se cache.*)

CLARISSE.
Et moi ?

MERCADET.
Vous, tirez votre mouchoir... et versez des ruisseaux de larmes !

SCÈNE XIII.
LES MÊMES, CHESTER,

CHESTER, *rentrant par la petite porte du fond qu'il laisse entrouverte ; on aperçoit la voiture dont la portière est ouverte aussi.*
La voiture est là... les chevaux piaffent... hâtons-nous !

MERCADET, *à Clarisse.*
Pleurez donc !

CHESTER, *bas à Mercadet.*
La lionne est-elle domptée ?

MERCADET.
A peu près !.. mais j'ai eu du travail !

CHESTER.
C'est drôle !.. on dirait qu'elle rit !

MERCADET.
C'est nerveux !.. (*Bas à Clarisse.*) Mais pleurez donc !

CLARISSE, *pleurant.*
Hi ! hi ! hi !..

CHESTER.
Ah ! la voilà qui pleure à présent !

MERCADET.
Je dissiperai ce nuage !.... et les cent mille francs ?.. Pardon si je reviens sur ce détail puéril.

CHESTER.
Vous ne les toucherez que quand nous reviendrons de Gretna-Green !..

MERCADET.
Quand nous reviendrons ?

* C. M. Ch.

CHESTER.
Oui, j'ai pensé qu'il était convenable que je vous accompagnasse... et j'ai pris mon feutre !

MERCADET.
Otez-le !.. ôtez-le bien vite !.. et le prisonnier ! qu'est-ce qui veillera sur le prisonnier ?

CHESTER.
Puisqu'il est enfermé !

MERCADET.
Et s'il s'échappe... il viendra nous rejoindre, et tout sera perdu !

CHESTER.
C'est ma foi vrai !.. s'il s'échappait...

MERCADET.
Tenez, rendez-moi plutôt la clé du pavillon, car vous êtes si faible avec lui.

CHESTER, *lui rendant la clé.*
Que voulez-vous ?... c'est l'espoir de ma race.

MERCADET.
Raison de plus pour le surveiller !.. Tout à l'heure, il essayait d'enfoncer la porte !

CHESTER.
Goddam !.. je vais le chapitrer !.. (*S'approchant du pavillon.*) Mon neveu, monsieur mon neveu !.. Il ne me répond pas !

MERCADET.
Regardez par le trou de la serrure !

CHESTER.
Voyons !.. (*Il regarde. — Pendant qu'il regarde, Mercadet fait des signes à Édouard qui se glisse dans la voiture.*)

MERCADET.
Bon !.. il a saisi le joint !

CHESTER.
Je ne vois rien du tout !

CLARISSE, *à Mercadet.*
Nous pouvons partir maintenant !

CHESTER, *toujours au pavillon.*
Mon cher Édouard, prends patience jusqu'à demain... Si tu es gentil, je te ferai passer une aile de poulet.

MERCADET.
Nous vous quittons.... Prenez bien garde qu'il ne s'évade !

CHESTER.
Fiez-vous à mon gros bon sens !

ENSEMBLE.

CHESTER.
Air de Frascati.
Déjà l'heure s'avance,
Hâtez-vous de partir,
Il faut partir !
Profitez de la chance
Qui, pour vous, vient s'offrir.

MERCADET ET CLARISSE.
Déjà l'heure s'avance,

* Ch. C. M.

Hâtons-nous, etc.
CHESTER.
Pour réussir dans mainte affaire
Rien de tel que le gros bon sens.
CLARISSE, bas à Mercadet.
Mais, cette ruse...
MERCADET, de même.
Est nécessaire.
CHESTER, à Clarisse.
Vous hésitez ?...

CLARISSE.
Non, je me rends.

ENSEMBLE, REPRISE.
(Chester les reconduit, Clarisse monte dans la voiture. Chester ferme la petite porte, et on voit la voiture s'éloigner, Mercadet sur le siége, paraît au-dessus du mur.)

FIN DU PREMIER ACTE.

ACTE DEUXIÈME.

Un salon donnant sur des jardins. Portes latérales. Une fenêtre à gauche de l'acteur. Tables, fauteuils, etc.

SCÈNE PREMIÈRE.

CLARISSE, puis CHESTER.

Au lever du rideau, Clarisse travaille près de la table.

CLARISSE.
Absent depuis quinze jours !... et ne pas savoir quand il reviendra !... quel ennui !
CHESTER, *entrant*.
Ah ! ah ! tu es seule ?... Où est donc Mercadet, ton mari ?
CLARISSE.
Je ne sais pas ! Sans doute à se promener dans le jardin.
CHESTER, *à part*.
Jamais ensemble ! c'est inouï !
CLARISSE.
Mon oncle, avez-vous reçu des nouvelles de mon cousin ?
CHESTER.
J'en ai reçu !
CLARISSE.
Revient-il bientôt ?
CHESTER.
Aujourd'hui même.
CLARISSE, *se levant vivement*.
Aujourd'hui ?
CHESTER, *à part*.
Voyez-vous la joie qui perce !... (*Haut.*) C'est aujourd'hui l'anniversaire de ma naissance... Je célèbre cette solennité avec la pompe nécessaire. J'aurai une foule d'amis, de voisins... mon neveu ne pouvait manquer d'en être ; il en sera !
CLARISSE.
C'est ce que je pensais aussi !
CHESTER.
Je lui avais même écrit de me rapporter de Londres quelque chose pour embellir la fête : des clowns, des boxeurs ; une gaudriole quelconque et sais-tu ce qu'il me rapporte ?

*Ch. C.

CLARISSE.
Quoi donc ?
CHESTER.
Une chanteuse !
CLARISSE.
Une femme !
CHESTER, *à part*.
Elle est jalouse ! (*Haut.*) Une cantatrice !... un gosier qui monte très haut et qui descend très bas... comme une balançoire !... Ce doit être curieux... et je les attends par le chemin de fer. Le convoi ne peut tarder !
CLARISSE, *à part*.
Enfin, je vais le revoir !
CHESTER.
Mais demain, il repartira pour Londres.
CLARISSE.
Encore !... Et pourquoi ?
CHESTER.
Pourquoi ?... Tu veux que je te le dise ? Parce que c'est un drôle !... parce qu'au lieu de respecter en toi la femme d'autrui... que dis-je, d'autrui, de son précepteur... il te suit dans les petits coins... il te peint sa flamme... Je suis sûr qu'il te peint sa flamme !
CLARISSE.
Mais non ! vous vous trompez !
CHESTER.
Crois-tu donc que ce manége ait échappé à mon gros bon sens ?
CLARISSE.
Puisque je vous dis que ça n'est pas !
CHESTER.
Et toi, au lieu de te révolter, au lieu de te poignarder comme Lucrèce, ce qui obtiendrait mon suffrage, tu l'agaces ! tu lui tends l'hameçon !... Ça n'est pas beau, sais-tu ?
CLARISSE.
Il me semble qu'entre cousins, l'amitié est bien permise !
CHESTER.
Clarisse, c'est moi qui vous ai unie à Mercadet ;

c'est à moi d'assurer cet homme contre les sinistres !... Voilà dans quelle prévision j'ai relégué mon neveu à Londres, et il y restera jusqu'à ce que l'hymen l'ait garotté lui-même dans ses chaînes de fleurs !

CLARISSE.
Vous voulez marier mon cousin ?

CHESTER.
Je le veux, je l'entends, je le prétends !.. C'est l'espoir de ma race !... et tu es cause que jusqu'à présent il a refusé toutes ses alliances...... Mais, prends-y garde, ne m'irrite pas... si une fois je te prends en grippe !... (On entend une voiture.)

CLARISSE.
Chut ! Entendez-vous ?

CHESTER.
Une voiture !... voyons*... (Il va à la fenêtre, qu'il ouvre.) C'est lui !... Il donne la main à une dame... C'est l'illustre gosier !

CLARISSE.
Est-elle jolie ?

CHESTER.
Superbe ! grandiose !

SCÈNE II.

CLARISSE, CHESTER, ÉDOUARD, NISIDA, *et* UN DOMESTIQUE *portant des bagages ; il traverse le théâtre, et entre dans la chambre à droite**.*

ENSEMBLE.
Air : *Les yeux bleus.*

NISIDA.
Ici le plaisir
Me fait accourir ;
Daignez m'accueillir,
Timide étrangère,
Je viens en tremblant,
Mais chez nous, souvent,
Le désir de plaire
Tient lieu de talent.

ÉDOUARD.
Ici le plaisir
Nous fait accourir ;
Daignez accueillir,
L'aimable étrangère,
Rien qu'en la voyant
Chacun à l'instant,
Voudrait de lui plaire
Avoir le talent.

CHESTER.
Ici le plaisir
Vous fait accourir ;
Venez nous ravir,
Aimable étrangère,
Rien qu'en vous voyant
Chacun, à l'instant,

* C. Ch.
** C. E. N. Ch.

Voudrait de vous plaire
Avoir le talent.

CLARISSE, *à part.*
Ici, le plaisir
La fait accourir ;
Il faut l'accueillir
Elle est étrangère,
Mais son air galant,
Son œil séduisant,
Jamais de me plaire
N'auront le talent.

NISIDA.
Dans ce séjour tout me captive,
Et chez vous, je prévois qu'on a
Trop de plaisir, quand on arrive,
Trop de regret, quand on s'en va.

ENSEMBLE.
Ici, le plaisir, etc.

ÉDOUARD.
Mon oncle, ma cousine, je vous présente la signora Nisidoni, que je vous avais annoncée dans ma lettre.

CHESTER.
Belle prima donna, je me félicite que mon château... que n'ai-je un palais !... mais je n'ai qu'un château... et faute de mieux !...

NISIDA.
Ne vous plaignez pas, Monsieur !... Elle est très gentille, votre habitation !

CHESTER.
Oui, ça n'est pas mal !... Il nous manque un théâtre.. mais nous avons une salle à manger.... et si vous vouliez vous réconforter un peu ?

NISIDA.
Non, merci ; je n'ai ni faim ni soif... Plus tard, je ne dis pas !

CHESTER.
Que pourrais-je donc faire pour vous être agréable ?

NISIDA.
Point de cérémonie, je vous en prie ; moi, je suis sans façon, voyez-vous.

CHESTER.
Il est de fait qu'à la campagne... Vous n'aimez peut-être pas la campagne ?

NISIDA.
Au contraire !... la nature, les arbres, les bancs de gazon... J'adore ça !

CHESTER.
Je ne vous en remercie pas moins d'être venue... Un gosier aussi célèbre, consentir à parfumer de sa présence une fête quasi-pastorale !

NISIDA.
Ça ne me gênait pas du tout !... J'avais relâche au théâtre... D'ailleurs, il est difficile de résister à M. Édouard ; il a une petite manière de demander les choses...

CLARISSE, à part.
Voyez-vous ça !

CHESTER.
Le fait est que le gaillard !... C'est l'espoir de ma race !... Où avez-vous donc fait connaissance ?

NISIDA.
Dans les coulisses où ces Messieurs viennent papillonner tous les soirs !

CLARISSE.
Ah ! mon cousin fréquentait les coulisses ?

ÉDOUARD.
Une fois seulement !... des amis qui m'avaient entraîné !

CHESTER.
Il n'y a pas de mal ! Il n'y a pas de mal ! La signora est Italienne ?

NISIDA.
C'est-à-dire, je suis Italienne en France.. parce que vous savez... les Français !... quand on n'a pas un nom en i... Ils sont si badauds !

CHESTER.
C'est vrai ! Oh ! les Français ! Oh ! les Français !

NISIDA.
Mais, en Angleterre, je puis avouer que je suis Française !

CHESTER.
Parisienne, sans doute ?

NISIDA.
Je suis née à Nanterre !

CHESTER.
Vous en avez l'accent ! et vos grâces dénotent assez votre origine !

NISIDA.
Vous êtes un gros flatteur !... il paraît que c'est un défaut de famille, car M. Édouard...

CHESTER.
Ah ! vraiment !... (A part.) Est-ce que par hasard... Je le voudrais !

CLARISSE, à part.
J'en apprends de belles !

CHESTER.
Que pourrais-je donc faire pour vous être agréable ?

NISIDA.
Franchement, je ne serais pas fâchée de me reposer un peu, et si vous voulez me faire conduire à l'appartement que vous me destinez ?....

CHESTER.
Je serai fier de vous y conduire moi-même.

NISIDA.
Au revoir, monsieur Édouard !

ÉDOUARD.
Madame !

CHESTER, à part.
Je crois qu'ils ont échangé un regard !

CLARISSE, bas à Édouard.
J'ai à vous parler !

ÉDOUARD, de même.
Et moi aussi !.. Va m'attendre au jardin !

CHESTER.
Clarisse, suivez-moi, j'aurai besoin de vous !

CLARISSE.
Quel supplice !

REPRISE, ENSEMBLE.
Ici le plaisir, etc.

(Chester sort avec Clarisse et Nisida.)

SCÈNE III.

ÉDOUARD, puis MERCADET.

ÉDOUARD.
C'est insupportable !... Être auprès de sa femme après quinze jours d'absence et ne pouvoir lui parler !... Oh ! il faut que je la voie... allons l'attendre au jardin !.. (Fausse sortie.)

MERCADET, entrant.
Eh ! mon élève ! je viens d'apprendre à l'instant... recevez mon accolade !

ÉDOUARD.
Enchanté de te voir ! quoi de nouveau ? Clarisse s'ennuie-t-elle beaucoup de mon absence ?

MERCADET.
Nous nous ennuyons tous ! et moi plus que les autres !... Le papa Chester m'accuse de négliger ma femme... c'est-à-dire la vôtre. Il prétend que je suis froid, et il me fait des mercuriales où son gros bon sens se développe d'une manière assommante ! Mais comment n'êtes-vous pas auprès d'elle ?

ÉDOUARD.
Mon oncle l'a forcée de le suivre !

MERCADET.
Par intérêt pour moi ! quel brave homme !

ÉDOUARD.
Heureusement je ne suis pas revenu seul !... j'ai ramené de Londres une dame, une cantatrice ! la signora Nisidoni !

MERCADET.
Nisidoni !.. Tiens, ce nom !... Une Italienne !

ÉDOUARD.
A peu près !... et tandis que mon oncle s'occupera d'elle...

MERCADET.
Vous serez libre d'en conter à ma femme, c'est-à-dire à la vôtre !

ÉDOUARD.
Je compte là-dessus !

MERCADET.
Est-elle jolie l'étrangère ?

ÉDOUARD.
Fort piquante, ma foi !

ACTE II, SCÈNE V.

MERCADET.
Il serait d'une saine politique de la courtiser légèrement pour éloigner les soupçons !

ÉDOUARD.
Tu crois ?

MERCADET.
Si du moins ça ne vous coûte pas trop !

ÉDOUARD.
Mais non !... Je t'avouerai même qu'à Londres j'avais déjà commencé...

MERCADET.
C'est de la prévoyance.

ÉDOUARD.
Et sans fatuité, je faisais des progrès...

MERCADET.
Reculeriez-vous maintenant ?

ÉDOUARD.
Ce serait dommage !... Elle est plus coquette que jamais, moi je sens que j'y prends goût, et je crois que j'aurais tort de faire le cruel... Tu ne me blâmes pas, n'est-ce pas ?

MERCADET.
Par exemple !... vous connaissez ma tolérance ! J'ai là-dessus des théories très avancées.

ÉDOUARD.
Au fait, quoique marié, on peut bien se permettre un petit écart.

MERCADET.
Parbleu ! il y a des moments où je voudrais bien avoir à ma disposition...

ÉDOUARD.
D'autant plus que ça ne m'empêche pas d'adorer Clarisse,... au contraire,... cette chère Clarisse !... Ah ! ma position est bien triste !

MERCADET.
Et la mienne, donc !... (A part.) Plaignons-nous ! (Haut.) Si vous croyez que la mienne me réjouit... mais je me résigne par attachement pour vous... pour un élève auquel j'ai consacré ma vie !

ÉDOUARD.
C'est vrai !... ce pauvre Mercadet !... Tu m'as rendu un service... aussi à Londres, je ne t'ai pas oublié.

MERCADET.
Vous pensiez à moi ?

ÉDOUARD.
En voici la preuve ! (Il lui remet un petit paquet.)

MERCADET.
Qu'est-ce que c'est ?

ÉDOUARD.
Une bague... un brillant !... je te dois bien ça.

MERCADET, feignant de refuser.
Ah ! mon élève !

ÉDOUARD.
Voyons, prends... c'est un souvenir !

MERCADET.
Je l'aurais refusé comme souvenir, mais je l'accepte comme brillant... non ! non ! c'est-à-dire...

ÉDOUARD.
Voici mon oncle.

MERCADET.
Attention !

SCÈNE IV.
LES MÊMES, CHESTER.

CHESTER.
Ah ! mon neveu, je te cherchais !

ÉDOUARD.
Vous avez besoin de moi ?

CHESTER.
Je viens de faire atteler le tilbury... une idée que je crois heureuse... et en attendant le dîner tu iras faire une promenade avec la Nicidon...

ÉDOUARD.
En tilbury ?

CHESTER.
On n'est que deux, c'est commode !... Je ne suis pas fâché qu'elle admire les sinuosités de mon parc.

ÉDOUARD.
Avec plaisir, mon oncle.

CHESTER.
C'est une femme magnifique !... une créature d'élite !... Ah ! si je n'avais que vingt-cinq ans !

MERCADET, à part.
C'est lui qui le pousse au crime !... délicieux Chester !

CHESTER.
Ainsi c'est convenu !... montre-lui bien toutes les sinuosités !

ÉDOUARD.
Soyez tranquille !... Je donne un instant à ma toilette, et je reviens la prendre.

CHESTER.
Va... mon garçon, va.

ÉDOUARD, à part.
Allons vite rejoindre ma femme !

SCÈNE V.
CHESTER, MERCADET.

CHESTER.
Mercadet, as-tu vu notre prima donna ?

MERCADET.
Je n'ai pas encore eu cet avantage !

CHESTER.
Son arrivée me comble de joie !... Ça pourra détourner mon neveu de certaines fantaisies qui me taquinaient et dont il est inutile de te faire part !

MERCADET, à part.
Continuons à gémir... (Haut.) Hélas !

CHESTER.
Tu dis ?

MERCADET.
Ah ! Monsieur, ma position est navrante !

CHESTER.
Dans quel sens ?

MERCADET.
Dans tous les sens !

CHESTER.
Aurais-tu des appréhensions ?

MERCADET.
J'en ai d'affreuses !... J'ai la rage dans le cœur.

CHESTER.
On se forge quelquefois des chimères !

MERCADET.
Des chimères !... mais ils s'aiment, Monsieur, ils s'adorent plus que jamais !... Tout-à-l'heure, il me parlait d'elle dans des termes !... Je ne trouve pas de mots pour vous rendre ses termes.

CHESTER.
Le garnement !

MERCADET.
Et moi, je suis là,... entre les deux !... abhorré par mon épouse, trahi par mon élève !... et à chaque instant sur le point d'être...

CHESTER.
Tu ne le seras pas !

MERCADET.
Je le serai !

CHESTER.
Tu ne le seras pas !

MERCADET.
Je le serai !

CHESTER.
Après tout, mon cher ami, je t'ai donné cent mille francs pour ça !

MERCADET, *pleurant.*
C'est trop bon marché !... Si j'avais prévu les tortures qui me dévorent... c'est trop bon marché !

CHESTER.
Voyons, ne te désole pas, j'allégerai ta souffrance. (*Tirant une bague de son doigt.*) Tiens, prends toujours ça !

MERCADET.
Une bague !.. (*A part.*) Allons donc !

CHESTER.
C'est un souvenir... un rubis.

MERCADET.
Je l'aurais refusé comme souvenir, mais je l'accepte comme rubis,... c'est-à-dire : non !... Enfin, c'est égal !...

CHESTER.
Mais il faut que je te gronde !... Tu n'as pas pour ta femme ces petits soins... ces je ne sais quoi... On dirait que tu l'évites ?

MERCADET.
Elle me rebute toujours !

CHESTER.
Raison de plus pour être caressant !

Air : *Vaud. de Partie et Revanche*
Il faut rester près de sa femme,
Ne jamais veiller à demi ;
Lui parler toujours de sa flamme,
Voilà les devoirs d'un mari !
Sais-tu ce que c'est qu'un mari ?
Il est le chapeau qui se place
Au haut d'un échalas, afin
D'effrayer l'oiseau dont l'audace
Viendrait becqueter le raisin.

MERCADET.
Monsieur, il y a des pierrots qui ne s'épouvantent de rien !

CHESTER.
Rassure-toi !... La Nisidoni sera notre auxiliaire !... elle a impressionné mon neveu, mon gros bon sens me le dit, et si elle veut lui tendre ses lacs...

MERCADET.
L'oiseau sera pipé ! c'est mon opinion !

CHESTER.
En attendant, ne quitte pas ta femme ! fais la rire si tu peux ; si tu ne peux pas, fais-la pleurer, mais occupe-la !... Pourquoi n'es-tu pas auprès d'elle en ce moment ?

MERCADET.
Dame ! pourquoi n'est-elle pas auprès de moi ?

CHESTER.
Elle est au jardin !... Et j'y songe... si mon neveu était allé... (*Il va à la fenêtre.*) Juste ! les voilà ensemble !

MERCADET.
Ensemble !... ô trahison !

CHESTER.
Mais cours donc vite les rejoindre !

MERCADET.
Il n'est peut-être plus temps !

CHESTER.
Va toujours !

MERCADET.
J'y vais !.. et dans ma fureur... (*Revenant.*) Voulez-vous que je vous dise ?... j'ai idée qu'il n'est plus tmps !

CHESTER.
Mais, va donc !... (*Il le pousse dehors.*)

~~~~~~

SCÈNE VI.
CHESTER, puis NISIDA.

CHESTER.
Il est jaloux !... voilà ce que je craignais !... Si la jalousie allait armer son bras d'un fer vengeur !... Je frissonne !... (*Il regarde à la fenêtre.*)

NISIDA, *sortant de sa chambre.*
Me voici un peu plus présentable !... Ces Anglais aiment la toilette, il ne faut pas négliger ça !..
Ah ! monsieur Chester !

CHESTER, *qui s'est retourné et qui la regarde.*
Je suis ébloui !... obligé de fermer les yeux comme en face de Phœbus !

ACTE II, SCÈNE VI.

NISIDA.
Vrai? vous me trouvez bien?
CHESTER.
Délirante!... et je vous en adresse des actions de grâce!
NISIDA.
Vous, monsieur Chester?
CHESTER.
Pour moi d'abord... mais surtout pour Édouard... Avant dîner il doit vous proposer une promenade en tilbury, à travers le parc... Il va venir vous prendre!
NISIDA.
Je ne dis pas non!... un tilbury!... ça va vite!... J'aime ça!
CHESTER.
Savez-vous que je tremble pour mon neveu, belle prima donna?
NISIDA.
A quel sujet?
CHESTER.
Dame! il a le cœur inflammable, vous avez l'œil incandescent, et il ne vous faudrait qu'un regard...
NISIDA.
Oh! n'ayez pas peur!... Vous m'avez l'air d'un brave homme, vous me recevez gentiment, et je ne suis pas femme à vous faire du chagrin!...
CHESTER.
Mais ça ne m'en ferait pas!... Je dirai plus, ça ne m'en ferait pas!
NISIDA.
Comment vous désirez que votre neveu?...
CHESTER.
Tombe dans vos filets!... je verrais cette pêche avec satisfaction!
NISIDA.
S'il ne faut que ça pour vous contenter!... et pourtant je ne le devrais pas... Il est dangereux de jouer avec ces choses-là... et quand on est honnête!... quand on est mariée!...
CHESTER.
Mariée!... vous?... sérieusement?
NISIDA.
Monsieur!
CHESTER.
Pardon!
NISIDA.
C'est-à-dire, c'est bien le plus drôle de mariage!... mon mari d'un côté, moi d'un autre!
CHESTER.
Vous êtes séparés?
NISIDA.
D'un commun accord!... plus tard, peut-être... mais pour le moment je chante, je voyage...
CHESTER, à part.
C'est une femme légère.

Air de *l'Artiste*.

J'exploite l'Angleterre
Pour le chant expressif;
C'est, je crois, sur la terre,
L'art le plus productif.
La roulade est en hausse,
Et s'escompte en ducats;
Souvent la note est fausse...
Mais l'argent ne l'est pas!

Lui, court le monde de son côté!... ça ne m'inquiète pas ni lui non plus, et nous sommes très heureux!

CHESTER.
Voilà un mari commode, et ce n'est pas lui qui vous empêcherait...
NISIDA.
Oh! puisque vous ne me demandez qu'un peu de coquetterie!
CHESTER.
Vous me rendez un service énorme.
NISIDA.
Par exemple, vous êtes le premier oncle... car, en général, les grands parents... et vous... Je ne comprends pas! c'est donc une gageure?
CHESTER.
Non, belle prima donna!... c'est une chose que j'ai ruminée dans mon gros bon sens... je veux arracher mon neveu à une passion sacrilége!... Vous avez vu sa cousine?
NISIDA.
Une charmante personne!
CHESTER.
Il en est follement épris!...
NISIDA.
Mariez-les ensemble!
CHESTER.
Elle est déjà la femme de quelqu'un!
NISIDA.
Ah! c'est plus difficile!
CHESTER.
Cette union s'est formée sous mes auspices, et s'il arrivait malheur à ce pauvre Mercadet...
NISIDA, *vivement*.
Mercadet?
CHESTER.
C'est le nom du mari!... le précepteur d'Édouard! un Français!... mais une excellente tête!
NISIDA.
Il est Français et s'appelle Mercadet?
CHESTER.
L'auriez-vous connu?
NISIDA.
A Paris j'étais particulièrement liée avec quelqu'un...
CHESTER.
Qui portait ce nom! c'est peut-être le même!

* N. Ch.

NISIDA.

J'en doute!... et ce n'est qu'en le voyant que je pourrais m'en assurer!...

CHESTER, *allant à la fenêtre.*

Attendez*! il doit être encore au jardin!.. Eh oui!... le voilà entre sa femme et son élève!

NISIDA, *qui a regardé, à part.*

C'est lui! (*Haut.*) Et vous êtes sûr qu'il est marié?

CHESTER.

Puisque je vous dis que c'est sous mes auspices... j'ai fourni la dot!

NISIDA, *à part.*

Mon mari bigame! si je le faisais pendre!

CHESTER.

Le reconnaissez-vous?

NISIDA.

Non! non!... ce n'est pas ça!

CHESTER.

Celui-ci n'est pas heureux dans son intérieur.

NISIDA, *à part.*

C'est sa punition, le monstre!

CHESTER.

Son ménage est un paradis terrestre où mon neveu joue le rôle du serpent!... Une catastrophe est imminente!... et si vous n'employez le pouvoir de vos charmes...

NISIDA.

On l'emploiera, Monsieur, on l'emploiera... c'est une bonne fortune que vous m'offrez!.. M. Édouard est charmant, je veux qu'il m'aime, je veux qu'il m'adore, et il m'adorera!

CHESTER.

Bravo! vous prenez feu!... mon neveu est sauvé!... (*A part.*) C'est une femme très légère!

~~~~~~~~~~~~~~~~~~~~~~~~~~~~~~~

SCÈNE VII.

LES MÊMES, ÉDOUARD*.

ÉDOUARD.

Madame... mon oncle a dû vous parler...

NISIDA.

D'une promenade en tilbury?..... Oui, Monsieur Édouard, et je suis prête à vous suivre... quoiqu'en tilbury... ce soit bien risqué!.. c'est presque un tête-à-tête!..

ÉDOUARD.

Ce n'est pas moi qui m'en plaindrai!

CHESTER.

Je te préviens que Madame aime à aller vite!

ÉDOUARD.

Madame ne craint pas le danger?

NISIDA.

Ça dépend des personnes avec qui je le partage!.. Avec vous!...

* C. N. Ch.

ÉDOUARD.

Je suis fier de tant de confiance! (*A part.*) Elle n'a jamais été si gracieuse!

CHESTER, *à part.*

Ça s'engage!.. La tranchée est ouverte!

~~~~~~~~~~~~~~~~~~~~~~~~~~~~~~~

SCÈNE VIII.

LES MÊMES, MERCADET, CLARISSE*.

CHESTER.

Eh! arrivez donc, mon cher Mercadet, que je vous présente à notre illustre prima donna!

MERCADET.

Comment donc! mais je serai très flatté... Où est-elle, cette dame?

NISIDA, *se montrant.*

Par ici, Monsieur!

MERCADET, *à part.*

Nisida!.... Nisidoni!... Je saisis le rapport!

CHESTER, *présentant Mercadet.*

Monsieur Mercadet, homme de lettres, membre de l'Académie de Pontoise!

ÉDOUARD.

Et le mari de ma cousine!

MERCADET, *à part.*

Bon! il ne l'a pas manqué!

NISIDA.

Je félicite Monsieur d'être le mari d'une aussi jolie personne!

MERCADET.

Madame!... certainement... (*A part.*) Je voudrais être au théâtre Montmartre!

NISIDA.

Maintenant, Monsieur Édouard, je suis tout à vous!

ÉDOUARD, *lui offrant la main.*

Belle dame!

MERCADET.

Où allez-vous donc?

CHESTER.

Faire une promenade en tilbury!

CLARISSE.

En tilbury?

MERCADET.

Seuls, tous les deux?

CHESTER.

Dame! un tilbury n'est pas un omnibus!

ÉDOUARD.

Un tour de parc, voilà tout!

NISIDA.

Monsieur Mercadet trouverait-il mauvais?..

MERCADET.

Moi?... non.... Je n'ai pas le droit.... cependant...

* E. N. M. C. Ch.

ACTE II, SCÈNE IX.

CLARISSE.
Sans doute !.... On peut trouver extraordinaire...

CHESTER.
Madame, on ne vous consulte pas !

CLARISSE, à part.
Ah ! c'est trop fort !

NISIDA.
Partons, Monsieur Édouard !

ENSEMBLE.
Air : *Allons, allons, dépêchons !* (*Premiers beaux jours* (acte 3, Folies-Dramatiques.)

NISIDA ET ÉDOUARD.
Il faut partir,
Et courir
Nous divertir,
Sans réfléchir ;
Trop heureux qui peut saisir
Le plaisir
Quand il vient s'offrir.
Sachons gaîment
Profiter du moment
Qui fuit sans retour,
Car hélas ! le bonheur dure à peine un jour !

CHESTER.
Il faut partir,
Et courir
Vous divertir
Sans réfléchir ;
Trop heureux qui peut saisir
Le plaisir,
Quand il vient s'offrir.
Sachons gaîment,
Profiter du moment
Qui fuit sans retour ;
Car, hélas ! le bonheur dure à peine un jour !

MERCADET ET CLARISSE.
Ils vont partir,
Et courir
Se divertir ;
C'est trop souffrir !
Je ne puis me contenir !
Sous mes yeux je me vois trahir.
Et cependant
Il me faut, prudemment,
Rester en ce jour,
Témoin de leur plaisir et de leur amour !

(*Édouard et Nisida sortent.*)

SCÈNE IX.
CHESTER, MERCADET, CLARISSE *.

MERCADET, à part.
Ah ! si j'osais monter derrière le tilbury !

CHESTER, *qui a redescendu.*
Les voilà partis !... Ça marche, mon ami, ça marche !... Ils s'entendent déjà parfaitement.

* M. Ch. C.

MERCADET.
Mais c'est immoral ! On ne peut pas tolérer ça !

CLARISSE.
Oh ! oui, c'est épouvantable !

CHESTER, *à Mercadet.*
Qu'est-ce que tu as ?

MERCADET.
Favoriser de pareilles accointances !... Et vous ne rougissez pas ?

CHESTER.
Mais tu m'approuvais ce matin !

MERCADET.
Parce que je ne savais pas.... J'étais loin de m'attendre... Ah ! si j'avais pu deviner...

CHESTER.
Deviner quoi ?

MERCADET.
C'est immoral !... On ne peut pas tolérer ça.

CLARISSE.
J'en pleure de colère !

CHESTER.
Silence, Madame !... N'aggravez pas des torts qui ont ulcéré Mercadet.

MERCADET.
Il s'agit bien de ça !

CHESTER.
Mais tu t'en plaignais ce matin !

MERCADET.
Ce n'est pas une raison pour jeter votre neveu à la tête d'une étrangère !

CHESTER.
C'est dans ton intérêt !..... Tu ne saisis donc pas ?.... Cette femme est très adroite, très délurée !...

MERCADET.
Trop délurée !

CHESTER.
Elle va s'emparer de mon neveu exclusivement.

CLARISSE.
S'emparer d'Édouard !... c'est ce que nous verrons, Monsieur. Je ne le souffrirai pas !

CHESTER.
Madame, n'abjurez pas toute pudeur !

CLARISSE.
J'ai des droits, et je les ferai valoir !

CHESTER.
Et c'est devant votre époux que vous osez lever le masque ?

MERCADET.
Est-ce que ça me regarde ?

CLARISSE.
Qu'elle s'avise de se faire aimer d'Édouard !

CHESTER.
Et tu écoutes ça de sang-froid ?

MERCADET.
C'est qu'elle a raison au fond !

CHESTER.
Tu l'approuves ?

MERCADET.
Oui! je l'approuve parce que c'est ignoble! un élève que j'avais stylé à la vertu!.. et c'est vous qui le débauchez... vous, son oncle!.. un homme qui a blanchi dans les manches de couteaux!
CHESTER.
Mais, animal... c'est pour l'empêcher d'être...
MERCADET.
De quoi vous mêlez-vous?.. si ça me plaît, si ça m'arrange!..
CHESTER.
Ça t'arrange!... tu spécules donc sur ton infamie!
CLARISSE.
Vous êtes fou!
CHESTER.
Mercadet, tu es vil, tu es plat, tu es méprisable!
MERCADET.
Et vous, vous êtes un crétin!
CHESTER.
Goddem!

ENSEMBLE.
Air : *Quel bruit! quels cris scandaleux!* (*Premiers beaux jours*, acte 3, Folies-Dramatiques.)
CHESTER.
C'en est trop! je suis furieux!
Après une telle insolence,
C'est une horreur! c'est scandaleux!
Et je dois en tirer vengeance.
MERCADET ET CLARISSE.
Vos procédés sont odieux!
Vous fatiguez ma patience.
C'est une horreur! c'est scandaleux!
Et je dois en tirer vengeance.
MERCADET.
Écoutez!
CHESTER.
Non! plus d'indulgence!
Et je vous chasse tous les deux!
MERCADET ET CLARISSE.
Nous chasser!
CHESTER.
Point de résistance;
Je vous enjoins de sortir de ces lieux!
REPRISE.
C'en est trop! etc.
(*Chester sort.*)

SCÈNE X.
MERCADET, CLARISSE.
MERCADET.
Il nous met à la porte tous les deux!.. ce trait manquait à sa gloire!..

* M. C.

CLARISSE.
C'est égal, monsieur Mercadet, je vous remercie d'avoir pris mes intérêts avec tant de chaleur!
MERCADET.
Ce sont les miens que j'ai pris!.. allez, ma position est encore plus lugubre que la vôtre!
CLARISSE.
C'est difficile!.. car je suis bien malheureuse!..
MERCADET.
Et les autres ne reviennent pas... c'est donc une charrette que leur tilbury*!
CLARISSE.
Ils se seront peut-être arrêtés en route!
MERCADET.
En route!.. où donc?
CLARISSE.
Vous savez, au bout du parc, il y a un petit châlet.
MERCADET.
Un châlet! grand Dieu!.. (*A part.*) Elle qui raffole des châlets.
CLARISSE.
Tenez, monsieur Mercadet, ça ne peut pas durer comme ça, il faut en finir!
MERCADET.
Oui!.. il faut en finir! et je cours!... (*Il va pour sortir, Nisida paraît au fond.*) Ah!
NISIDA.
Ensemble!
MERCADET.
La voilà!
CLARISSE, à part.
Allons, du courage!... Je vais tout avouer à M. Chester!... (*Elle sort.*)

SCÈNE XI.
MERCADET, NISIDA**.
MERCADET.
Venez, Madame, venez!... J'en ai gros à vous dire.
NISIDA.
Qui êtes-vous, mon cher? Attendez donc que je vous lorgne!
MERCADET.
Madame, ne rions pas! ceci est dramatique!
NISIDA.
N'êtes-vous pas le sieur Mercadet?
MERCADET.
D'où venez-vous, Madame, répondez!... Vous ne vous êtes pas arrêtés en route?
NISIDA.
Allez donc rejoindre votre femme, monsieur le précepteur!
MERCADET.
Nisida, méfie-toi!... je suis monté, méfie-toi!

* C. M.
** N. M.

ACTE II, SCÈNE XI.

NISIDA.

Infâme!... sais-tu que je pourrais te faire pendre?

MERCADET.

Ne touchons pas cette corde-là!

NISIDA.

C'était ma première idée! Mais je suis trop bonne, et j'aime mieux me venger autrement.

MERCADET.

Te venger!... Mais, Nisida, tu commettrais une chose déplacée!

NISIDA.

Et la bigamie!... Si tu t'étais consolé de mon absence, j'aurais peut-être fermé les yeux là-dessus... Il ne faut pas trop exiger des hommes!... mais épouser de mon vivant... prendre une seconde légitime!...

MERCADET.

Nisida, tu es ma seule! tu es mon unique!

NISIDA.

Et cette jeune Anglaise?

MERCADET.

C'est la femme de son cousin!

NISIDA.

De M. Édouard?

MERCADET.

Il ne te l'a pas dit?

NISIDA.

Au contraire!

MERCADET.

Le gueux!... Je n'ai fait que prêter mon nom... Je suis un mari de paille pour protéger les amants et abuser le Chester.

NISIDA.

Dis-tu vrai?... N'avais-tu pas d'autres motifs?

MERCADET.

Oui... un autre... celui de t'amasser des trésors, des casaubas... et je les ai!... Cent mille francs de l'oncle... cinq cents guinées du neveu, et des cadeaux à perte de vue... une grêle de pierres... tiens, regarde comme mes doigts brillent!

NISIDA.

Des diamants!

MERCADET.

Tu es émue?

NISIDA.

Comment, tu serais riche, mon bibi?

MERCADET.

Pour toi!... tout pour toi!... et ça n'est pas fini!... la mine est encore en exploitation!

NISIDA.

Ah! Célestin! je sens que je n'ai jamais aimé que toi!

MERCADET.

Chère Nisida!... Mais... motus!... si le papa Chester apprenait le subterfuge, il me réclamerait ses dons, et je ne veux rien restituer!

NISIDA.

Ni moi, sapristi!

MERCADET.

Et tu n'écouteras plus mon élève?

NISIDA.

Est-ce que j'y pense?... Je te croyais marié, infidèle... Et la colère... tu sais où ça peut conduire?

MERCADET.

Très loin! très loin!.. Tu ne t'es pas arrêtée en route?

NISIDA.

Où ça?

MERCADET.

Au bout du parc! au petit châlet?

NISIDA.

Je n'en ai pas vu!

MERCADET.

Je respire!

NISIDA, à part.

Il est inutile de lui dire ça!

MERCADET.

Dieu! ai-je de la chance!

Air : *Va, mon doux ami!* (Gardeuse de dindons, acte 1, Variétés.)

Je n'ai plus d'effroi,
Tu m'as, je croi,
Gardé ta foi;
Mon cœur, sans emploi,
Sent près de toi
Un doux émoi
Permis par la loi.
Non, plus de rival,
De soupçon fatal;
Mon œil conjugal
Voit avec régal
Ton cœur amical,
Pur et virginal
Comme un cristal.

NISIDA.

Bonheur imprévu!
Tu m'es rendu,
Riche et cossu;
Va, sois convaincu
Que ma vertu
N'a rien perdu.
Oui, je te chéris;
A jamais unis,
Quittons ce pays.

MERCADET.

Allons à Paris;
Dans ce paradis
Je veux, sans soucis,
Mener, à tout prix
Un train de marquis!

ENSEMBLE.

MERCADET.

Je n'ai plus d'effroi, etc.

NISIDA.
Tu n'as plus d'effroi ;
Je t'ai, je croi,
Gardé ma foi.
Ton cœur, sans emploi,
Sent près de moi
Un doux émoi
Permis par la loi.
Non, plus de rival,
De soupçon fatal,
Ton œil conjugal
Voit avec régal
Mon cœur amical,
Pur et virginal,
Comme un cristal.

SCÈNE XII.
LES MÊMES, ÉDOUARD.

ÉDOUARD, *accourant.*

Mercadet, mon ami ! mon oncle sait tout !.. Le secret est découvert !

MERCADET.

Ah ! sacrebleu !

ÉDOUARD.

Tout à l'heure, au salon, j'étais près de lui... on lui remet un billet, il l'ouvre, et s'écrie : mon neveu marié secrètement !... Tu sens que je n'ai pas attendu l'explication, j'ai pris ma course, je suis venu te prévenir... et je me sauve ! (*Il gagne le fond.*)

MERCADET.

Eh bien et moi ?.. Attendez donc !..

ÉDOUARD.

Je n'ai pas le temps ! fais ce que tu voudras !... (*Il s'enfuit.*)

MERCADET.

C'est ça ! tout me tombera sur le dos ! l'orage va éclater et je n'ai pas de parapluie.

NISIDA.

Bah ! M. Chester n'est pas un ogre... et s'il ne s'agit que de l'attendrir...

MERCADET.

Je ne m'en charge pas !

NISIDA.

Le voici !.. laisse-moi faire !

SCÈNE XIII.
LES MÊMES, CHESTER*.

CHESTER, *entrant.*

Mon neveu !.. Où est mon neveu ?.. Tu ne l'as vas vu, Mercadet ?

MERCADET.

Moi ?... Je le croyais avec vous !

CHESTER.

Marié !.... Il serait marié !..., Le savais-tu, Mercadet ?

* N. Ch. M.

MERCADET.

Quoi ?

CHESTER.

Qu'il était marié ?

MERCADET.

Qui ?

CHESTER.

Tiens, lis ! (*Il lui donne un billet.*)

MERCADET, *lisant.*

« Je vous préviens que votre neveu s'est marié « secrètement à Greetna-Green !... » (*Parlé.*) Marié à Greetna-Green !

CHESTER.

Sans mon aveu !

MERCADET.

Sans notre aveu ! (*Continuant.*) « Quant à sa « femme, c'est à lui de vous la nommer quand il « le jugera convenable !... » (*Parlé.*) Quelle peut être cette femme ?

CHESTER.

Tu ne l'as pas deviné ?

MERCADET.

Non ! et vous ?

CHESTER.

Moi ? à l'instant même !... Mon gros bon sens ? (*Désignant Nisida.*) La voilà !

NISIDA.

Moi ?

MERCADET, *à part.*

Il croirait !

NISIDA.

Comment, Monsieur Chester...

CHESTER.

Oh ! Madame, toute dénégation serait vaine !... Mais je proteste... Vous n'en êtes pas où vous croyez !

NISIDA, *à part.*

Amusons-nous !.. (*Haut.*) Eh bien ! oui, Monsieur, il est vrai, je suis sa femme !..

MERCADET, *à part.*

Elle en convient !

NISIDA.

J'ai résisté longtemps, mais Édouard parlait de se détruire... j'ai consenti pour sauver ses jours, et je vous l'ai conservé frais et dispos.

MERCADET, *à part.*

Elle est superbe !

CHESTER.

L'imbécile ! se tuer pour une aventurière !

NISIDA.

Monsieur !

CHESTER.

Sans nom, sans naissance, et j'ajouterai sans rien du tout !

NISIDA.

Monsieur, mon nom n'est pas sans éclat !..... Justine Coquillard, ex-artiste du théâtre Montmartre !

ACTE II, SCÈNE XIV.

CHESTER.
Une Coquillard dans ma famille !

NISIDA.
Actuellement cantatrice nomade, applaudie par plusieurs têtes couronnées !

CHESTER.
Une balladine !

NISIDA.
Ce matin vous étiez plus galant !

CHESTER.
Je vous estimais comme gosier, mais je vous renie comme nièce.

NISIDA.
Vous vous y ferez, mon oncle !

CHESTER.
Goddem ! moi l'oncle d'une femme de théâtre ! Est-ce qu'on se marie au théâtre ? Il n'y a qu'un sot qui ait pu vous épouser.

NISIDA.
Merci !

CHESTER.
Je suis sûr que Mercadet est de mon avis !

MERCADET, à part.
Je crains d'en être !

NISIDA.
On m'avait bien dit que vous étiez un original pétri de préjugés bourgeois, mais j'ai tout bravé par amour pour Édouard !

CHESTER.
Par amour !.. pitié ! pitié !.. une créature dont on cite partout les galanteries.

MERCADET.
Hein ? vous dites ?

CHESTER.
Tout-à-l'heure encore au salon... certaine aventure avec lord Seringham !

MERCADET.
Lord Seringham !

NISIDA.
C'est faux !... qu'est-ce qui a dit ça ?... Je l'attaque en diffamation !

CHESTER.
Et je souscrirais !... Non, non ! je ferai casser ce mariage... je plaiderai à feu et à sang !

NISIDA.
Nous désunir !... me séparer de mon époux !... Ne l'essayez pas, homme dénaturé !... Plutôt que de renoncer à lui, je le tuerais de ma main... et vous par dessus le marché !... (Elle le menace.)

CHESTER.
Goddam ! elle va me boxer !

MERCADET, se plaçant entre eux.
Eh bien ! eh bien !

~~~~~~~~~~~~~~~~~~~~~~~~~~~~~~~~~~~~~

SCÈNE XIV.
LES MÊMES, CLARISSE, PUIS ÉDOUARD*.

CLARISSE.
Quel bruit !... qu'y a-t-il donc ?

* N. M. C. Ch.

CHESTER.
Viens, Clarisse !... approche, pauvre victime !

CLARISSE.
Moi, victime !

CHESTER.
Oui, douce brebis !.. tu es sage, toi !.. tu ne boxes pas, toi !.. tu es bien élevée, toi !.. tu n'es pas une Coquillard, toi !.. et j'ai pu te sacrifier à ce Mercadet qui est un assez mauvais drôle !

MERCADET, à part.
Tu me paieras ça, toi !

CHESTER.
Et je t'ai refusée à mon neveu qui t'aime...

CLARISSE.
Et que j'aime toujours !

CHESTER.
J'ai eu tort !.. ah ! si c'était à recommencer !

MERCADET.
Vous les uniriez ?

CHESTER.
Je donnerais deux cent guinées pour que ça fût possible !

MERCADET.
Je les prends !... (Édouard paraît au fond.)

CHESTER.
Tu les prends ! tu les prends !

MERCADET.
Vous allez voir !.. (A Édouard.) Paraissez, mon élève ! et jetez-vous dans les bras de votre chaste moitié !

ÉDOUARD.
Ma femme !.. ma chère Clarisse * !

CHESTER.
Sa femme !.. elle !.. et la Nisidoni ?

MERCADET.
La signora se trouvant veuve de l'élève, convole avec le précepteur !

CHESTER.
Je cherche à comprendre **!.. Ah ! j'y suis ! c'est un complot général pour m'amener à consentir... comme ça se fait dans les comédies... Eh bien ! je ne m'en dédis pas !.. Édouard tu épouseras ta cousine la semaine prochaine !

ÉDOUARD.
Nous en recauserons, mon oncle !

MERCADET, à part.
Il n'y est pas encore tout-à-fait, mais il brûle...

CHESTER.
Quant à toi, Mercadet...

MERCADET, tendant la main.
Deux cents guinées, papa Chester !

CHESTER.
Tu les auras, intrigant !

* N. M. C. E. Ch.
** N. M. Ch. C. E.

MERCADET.

C'est la dot de la signora qui retourne avec moi en France, où nous allons passer le contrat !

ÉDOUARD, *à part.*

Sa femme !.. pauvre Mercadet !..

NISIDA.

Monsieur Édouard, si vous venez jamais à Paris...

CLARISSE.

Nous n'irons pas, Madame !

NISIDA.

Ah ! ah !

CHESTER, *bas à Mercadet.*

Dis-donc, as-tu réfléchi ?.. c'est une chanteuse bien légère !.. je te dis ça pendant qu'il en est encore temps !

MERCADET.

Tenez ! embrassez-moi, vous faites mon bonheur !.. *(Ils s'embrassent.)*

CHŒUR FINAL.

MERCADET ET NISIDA.

Air :

Nous allons partir, ma chère,
j'espère,
Mais j'emporte dans mon cœur,
Des habitants d'Angleterre,
Un souvenir bien flatteur.

CHESTER, ÉDOUARD, CLARISSE.

Au revoir, belle étrangère,
Vous laisserez dans le cœur
Des habitants d'Angleterre
Un souvenir bien flatteur.

Air : *Tu ne vois pas, jeune imprudent.*

MERCADET, *au public.*

En France, où j' vais m' réfugier,
Je crains de passer la frontière...
Le plublic est un douanier
Qui va fouiller ma gibecière.
Pour quelques mots trop folichons,
Il me fra p't' être payer l'amende..

CHESTER.

Tu n' risques rien... les cornichons
Ne sont pas de la contrebande.

REPRISE DU CHŒUR.

Nous allons partir, etc.

FIN.

LAGNY. — Typographie de GIROUX et VIALAT.

EN VENTE, CHEZ LE MÊME ÉDITEUR :

L'Aïeule.	75	Mariage du Gamin de Paris.	50	La Charbonnière.	60	Tantale.	50
Monstre de Femme.	40	Veille du Mariage.	40	Le Code des Femmes.	50	Deux Loups de mer.	50
Charles-Quint.	60	Paris bloqué.	60	On demande des Professeurs.	50	O'néa.	50
Vicomte de Létorières.	60	Un Ménage Parisien.	1	Le Pot aux Roses.	50	La Croisée de Berthe.	50
Les Fées de Paris.	50	La Bonbonnière.	50	La Grande et les Petites		La Filleule à Nicot.	50
Pour mon Fils.	50	Adrien.	50	Bourses.	50	Les Charpentiers.	50
Lucienne.	50	Pierre le millionnaire.	60	L'Enfant de la Maison.	60	Mademoiselle Faribole.	50
Les Jolies Filles de Stilberg.	60	Carlo et Carlin.	50	Riche d'Amour.	60	Un Cheveu Blond.	50
L'Enfant de Chœur.	50	Le Moyen le plus sûr.	50	La Comtesse de Moranges.	60	La Recherche de l'Inconnu.	60
Le Grand Palatin.	60	Le Papillon Jaune et Bleu.	50	L'Amazone.	50	Les Impressions de ménage.	50
La Tante mal gardée.	40	Polka en Province.	50	La Gloire et le Pot-au-Feu.	50	L'Homme aux 160 millions.	60
Les Circonstances atténuantes.	60	Une Séparation.	40	Les Pommes de terre malades.	60	Pierrot Posthume.	50
La Chasse aux Vautours.	50	Le roi Dagobert.	60	Le Marchand de Marrons.	50	La Déesse.	50
Les Batignollaises.	40	Frère Gaffâtré.	60	V'là ce qui vient d'paraître.	50	Une Existence décolorée.	50
Une Femme sous les Scellés.	60	Nicaise à Paris.	40	La Loi salique.	60	Elle..... ou la Mort!	50
Les Aides de Camp.	50	Le Troubadour-Omnibus.	50	Nuage au Ciel.	60	Didier l'honnête homme.	50
Le Mari à l'essai.	40	Un Mystère.	60	L'Eau et le Feu.	50	L'Enfant de quelqu'un.	60
Chez un Garçon.	40	Le Billet de faire-part.	50	Beaugaillard.	50	Les Chroniques bretonnes.	50
Jaket's-Club.	50	Pulcinella.	60	Mardi gras.	60	Haydée ou le Secret.	
Mérovée.	50	Florina.	60	Le Retour du Conscrit.	40	L'Art de ne pas donner	
Les deux Couronnes.	60	La Sainte-Cécile.	50	Le Mari perdu.	50	d'Etrennes.	50
Au Croissant d'Argent.	50	Follette.	50	Dieux de l'Olympe.	60	Le Puff.	1
Le Château de la Roche-Noire.	40	Deux Filles à marier.	50	Le Carillon de Saint-Mandé.	50	La Tireuse de Cartes.	50
Mon illustre Ami.	50	Monseigneur.	60	Geneviève.	50	La Nuit de Noël.	1
Le premier Chapitre.	50	A la Belle Etoile.	50	Mademoiselle ma Femme.	40	Christophe le Cordier.	50
Talma en congé.	50	Un Ange tutélaire.	50	Mal du pays.	50	La Rose de Provins.	50
L'Omelette Fantastique.	50	Un Jour de Liberté.	60	Mort civilement.	50	Les Barricades de 1848.	40
La Dragonne.	50	Wallace.	60	Veuve de quinze ans.	50	34 Francs! ou sinon!...	50
La Sœur de la Reine.	50	L'Ecolier d'Oxford.	40	Garde-Malade.	50	La Fille du Matelot.	60
La Vendetta.	50	L'Oiseau du Bocage.	50	Fruit défendu.	60	Les deux Pommades.	40
Le Poëte.	50	Paris à tous les Diables.	60	Un Cœur de Grand'Mère.	50	La Femme blâsée.	50
Le Maîtresse anonyme.	50	Une Averse.	50	Nouvelle Clarisse.	60	Les Filles de la Liberté.	50
Les Informations conjugales.	50	Madame de Cérigny.	60	Place Ventadour.	60	Hercule Bothomme.	60
Le Loup dans la Bergerie.	50	Le Fiacre et le Parapluie.	50	Nicolas Poulet.	50	Don Quichotte.	50
L'Hôtel de Rambouillet.	50	Morale en action.	50	Roch et Luc.	50		
Les deux Impératrices.	60	Liberté Libeïtas.	60	La Protégée sans le savoir.	60		
La Caisse d'épargne.	60	L'Ile du Prince Toutou.	50	Une Fille Terrible.	50		
Thomas le Rageur.	50	Mimi Pinson.	50	La Planète à Paris.	50		
Derrière l'Alcôve.	40	L'Article 170.	60	L'Homme qui se cherche.	50		
La Villa Duflot.	50	Les deux Viveurs.	60	Maître Jean, ou la Comédie à			
Péroline.	50	Les deux Pierrots.	50	la Cour.	60		
La Femme à la Mode.	40	Seigneur des Broussailles.	50	Ne touchez pas à la Reine.	1		
Les Epreuves d'une Canne		Un Poisson d'Avril.	50	Une année à Paris.	60		
et d'un Parapluie.	50	Deux Tambours.	50	Amour et Biberon.	60		
Les deux Anes.	50	Combattant la Gironette.	40	En Carnaval.	50		
Foliquet, coiffeur de Dames.	50	L'Amour dans tous les Quar-		Bal et Bastringue.	50		
L'Anneau d'Argent.	50	tiers.	50	Un Bouillon d'onze heures.	40		
Recette contre l'Embonpoint.	50	Madame Bugolin.	50	Gour de Biberack.	50		
Don Pasquale.	40	Petit Poucet.	50	D'Aranda.	60		
Mademoiselle Déjazet au Sé-		Camoëns.	60	Partie à trois.	50		
rail.		Escadron Volant.	50	Une Femme qui se jette par			
Touboulic le Cruel.	40	Le Lansquenet.	50	la fenêtre.	60		
Hermance.	50	Une Voix.	50	Avocat pédicure.	50		
Les Canuts.	60	Agnès Bernau.	60	Trois Paysans.	50		
Entre Ciel et Terre.	50	Amours de M. Denis.	50	Chasse aux Jobards.	50		
La Fille de Figaro.	60	Porthos.	50	Mademoiselle Grabuget.	50		
Métier et Quenouille.	50	La Pêche aux Beaux-Pères.	50	Père d'occasion.	50		
Angélique et Médor.	50	Révolte des Marmousets.	40	Croquignole.	50		
Loïsa.	60	Le Troisième Mari.	50	Henriette et Charlot.	50		
Jocrisse en famille.	50	Un premier Souper.	50	Le chevalier de Saint-Remy.	60		
L'autre Part du Diable.	50	L'Homme et la Mode.	60	Malheureux comme un Nègre.	50		
La Chasse aux Belles Filles.	50	Une Confidence.	50	Un Vœu de jeunes Filles.	50		
La Salle d'Armes.	50	Le Ménétrier.	60	Secours contre l'Incendie.	50		
Une Femme compromise.	50	L'Almanach des 25,000 adres-		Chapeau gris.	50		
Patineuse.		ses.		Sans Dot.	50		
Madame Roland.	60	Une Histoire de Voleurs.	60	La Syrène du Luxembourg.	50		
L'Esclave de Camoëns.	50	Les Murs ont des oreilles.	60	Homme Sanguin.	50		
Les Réparations.	50	L'Enseignement Mutuel.	50	La Fille obéissante.	50		

En vente, chez le même Editeur :

THÉATRE COMPLET DE MADAME ANCELOT

QUATRE VOLUMES IN-8

Superbe édition ornée de vingt gravures sur bois par M. Raffet
Et de vingt têtes d'expression lithographiées

LES DESSINS SONT DE MADAME ANCELOT.

PRIX : 20 FRANCS.

Legny, imp. de Giroux et Vialat.